Moun ki fè Livrezon

DOUGLAS BENDER
JEAN-PIERRE GASTON

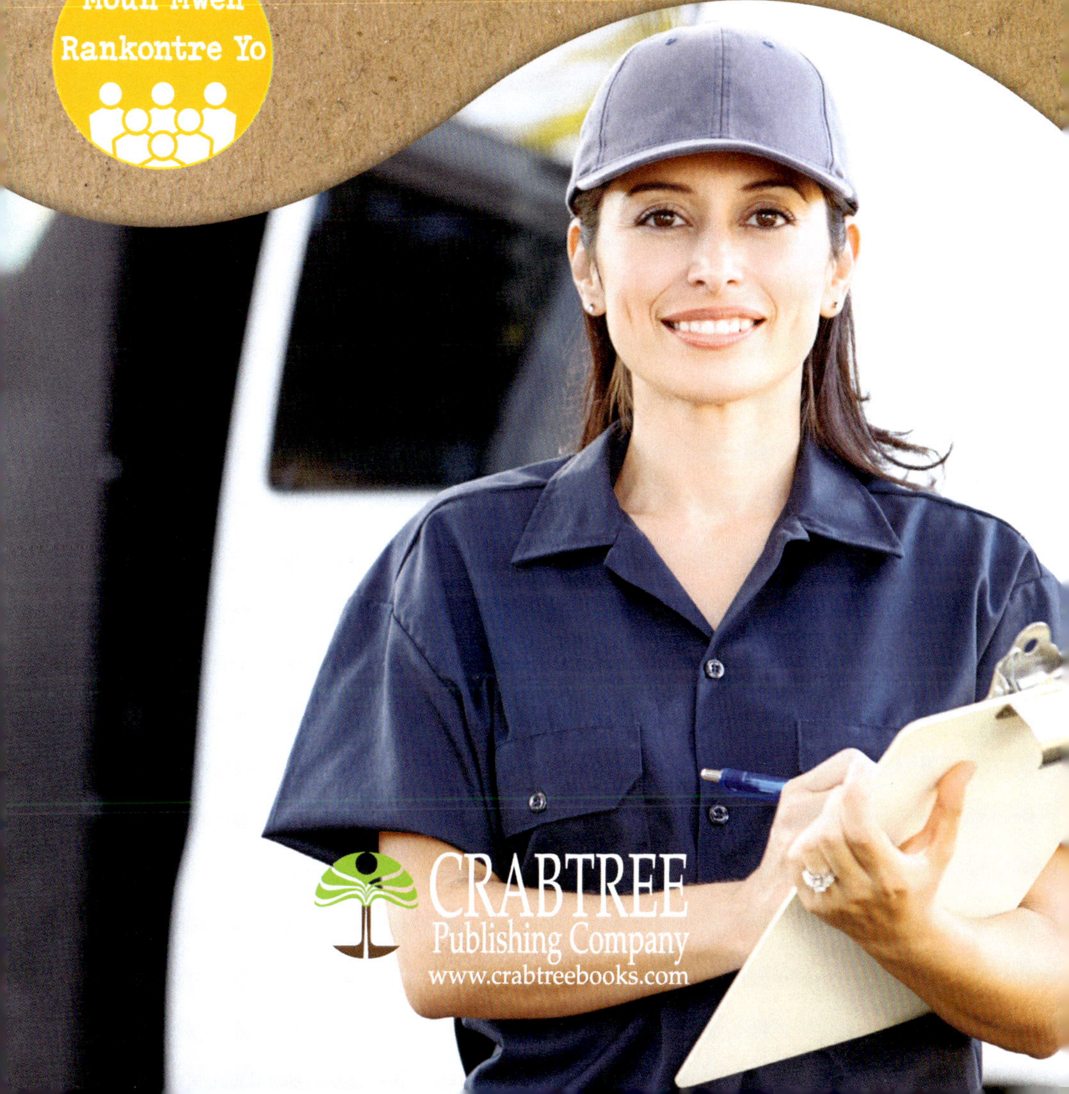

CRABTREE
Publishing Company
www.crabtreebooks.com

Sipò Lekòl A Kay Pou Moun Kap Bay Swen Ak Pwofesè Yo

Liv sa ede timoun yo grandi lespri yo nan kite yo pratike lekti. Men kèk kesyon kap ede lektè yo bati konpreyansyon konpetans yo. Epons posib yo parèt an wouj.

Anvan Lekti:

- De kisa mwen panse liv sa ap pale?
    - *Liv sa se sou moun ki fè livrezon.*
    - *Liv sa se sou sa yon moun ki fè livrezon fè nan travay la.*

- Kisa mwen vle aprann sou sijè sa?
    - *Mwen vle aprann ki jan yon moun ki fè livrezon sanble.*
    - *Mwen vle aprann kisa yon moun ki fè livrezon fè.*

Pandan Lekti:

- Mwen mande poukisa...
    - *Mwen mande poukisa gen moun ki vin moun ki fè livrezon.*
    - *Mwen mande poukisa moun ki fè livrezon mete inifòm.*

- Kisa mwen te aprann jiskaprezan?
    - *Mwen te aprann ke moun ki fè livrezon kondwi kamyon.*
    - *Mwen te aprann ke moun ki fè livrezon ede delivre pakè.*

Aprè Lekti:

- Ki detay mwen te aprann sou sijè sa?
    - *Mwen te aprann ke moun ki fè livrezon mete inifòm.*
    - *Mwen te aprann ke moun ki fè livrezone yo dwe gen fòs pou yo pote anpil pakè.*

- Li liv la ankò epi chèche mo vokabilè yo.
    - *Mwen wè mo* ***eskanè*** *nan paj 6 ak mo* ***inifòm*** *nan paj 8. Lòt mo vokabilè yo wap jwenn nan paj 14.*

Sa se yon **moun ki fè livrezon**.

Yon moun ki
fè livrezon ap
delivre **pakè yo**.

Yon moun ki
fè livrezon gen
yon **eskanè**.

Èske ou konnen yon moun ki fè livrezon?

Lis Pawòl

Mo timoun rekonèt lè yo fèk kòmanse li

fè	ou	se
ki	sa	yon

Mo pouw Konnen

eskanè

inifòm

moun ki fè livrezon

kamyonèt

pakè yo

49 mo

Sa se yon **moun ki fè livrezon**.

Yon moun ki fè livrezon ap delivre **pakè yo**.

Yon moun ki fè livrezon gen yon **eskanè**.

Yon moun ki fè livrezon gen yon **inifòm**.

Gen moun ki fè livrezon ki gen yon **kamyonèt**.

Èske ou konnen yon moun ki fè livrezon?

Moun Mwen Rankontre Yo

Moun ki fè Livrezon

Ekri pa: Douglas Bender
Ki fèt pa: Rhea Wallace
Devlopman Seri a pa: James Earley
Korektè: Janine Deschenes
Konsiltan Edikasyon: Marie Lemke M.Ed.
Tradui pa: Jean-Pierre Gaston

Photographs:
Shutterstock: AlexS: cover; Monkey Business Images: p. 1; MichaelJung: p. 3, 14; Drazen Zigic: p. 5, 14; Rido: p. 7, 14; puhha: p. 9, 13, 14; Gorodenkeff: p. 10, 14

Crabtree Publishing Company

www.crabtreebooks.com 1-800-387-7650

Published in the United States
Crabtree Publishing
347 Fifth Avenue
Suite 1402-145
New York, NY, 10016

Published in Canada
Crabtree Publishing
616 Welland Ave.
St. Catharines, Ontario
L2M 5V6

Printed in Canada/102021/CPC